Qu'est-ce qu'une exposition dans la plus haute acception du mot?

C'est une réunion d'ouvrages, de travaux, de produits de toutes sortes, mis sous les yeux du public érigé en juge de leur valeur intrinsèque et relative sous le triple rapport de la conception, de l'exécution et de l'utilité, c'est l'appel fait par des hommes éclairés aux forces vitales d'un peuple, aux destinées duquel président de hautes et puissantes intelligences, qui veulent faire de ce peuple, une nation puissante dans les arts de la paix! C'est enfin la preuve donnée par ce peuple qui, accourant à l'appel qui lui est fait, comprend toute la portée morale qui résume une exposition.

Ne doit-on voir là, qu'une solidarité patriotique?

Ne doit-on penser qu'à la poésie de l'art dans toute sa splendeur, la gloire est-elle le seul moteur puissant qui dirige toutes les intelligences?

Assurément non!...

Une œuvre quelle qu'elle soit, a une autre destinée que celle de briller un instant, elle fait partie de ce qui constitue la richesse publique et du fond intellectuel.

Ces œuvres, ces produits merveilleux, ces enfants des veilles, de l'étude, sont-ils exposés seulement pour être admirés! Non certes, ils sont aussi là pour donner une nouvelle preuve de l'incessante activité du travail, pour servir d'enseignement à cette foule charmée qui partout cependant voit une vérité!

Cette vérité est que, si le travail est la plus grande loi de l'humanité, il ne peut tout féconder qu'à la condition d'être sans cesse alimenté, et, qu'il est juste enfin que les veilles de l'artiste, les créations, des travaux du producteur, et, pour nous résumer en un mot, la tête qui crée, la main qui façonne, aient des lendemains rémunérateurs!

Le palais hospitalier des Champs-Élysées ferme ses portes. Il ne reste plus de toutes ces merveilles de l'art et de l'industrie que le souvenir!

Comment lutter contre cette inexorable loi de l'affaiblissement des impressions, loin des objets qui les ont fait naître?

Une exposition ne peut s'éterniser, et c'est pour parer à l'oubli que nous avons conçu de faire ce livre, de faire connaître à tous et par tous les œuvres de chacun, d'éveiller dans l'esprit une pensée solidaire de tous les intérêts, de mettre enfin sous les yeux de l'acheteur, les œuvres des producteurs.

Notre livre, nous l'espérons, sera pour les exposants de l'Union centrale des Beaux-Arts appliqués à l'industrie, comme une continuation de l'Exposition, et rendra compte des points de départ de chaque industrie, des noms et des choses saillantes. Répandu à profusion, il ira, nous l'espérons, porter partout les travaux, les progrès réalisés par les exposants, et, nous espérons qu'il fera naître le goût du beau dans l'utile. Comme on le voit, nous nous renfermons strictement dans le programme de l'Union centrale, dont nous nous faisons l'apôtre convaincu.

On ne peut nier que déjà notre génération s'identifie avec le culte du beau, et une chose dont on peut constater les progrès, c'est que dans toutes les classes de la société, chacun cherche à l'entourer de tout ce qui peut charmer la vie à tous les points de vue possible.

Avec la civilisation, avec le progrès, nos goûts se sont élevés, nos besoins se sont accrus, et se donner le plus possible de bien-être, de luxe, de confort, devient pour tous une constante préoccupation qu'en dépit de quelques esprits chagrins et timorés, nous nous garderons bien de blâmer.

Le luxe ne paie-t-il pas les peines des producteurs. Ce désir en dehors des choses matérielles de la vie a fait se développer le goût artistique, tel est le point de départ de bien des industries qui, par la force des choses, ont dû se mettre à l'unisson du grand mouvement intellectuel.

Août 1865. C. E.

L'ART
ET
L'INDUSTRIE

INFLUENCE DES EXPOSITIONS
SUR L'AVENIR INDUSTRIEL

> L'initiative individuelle s'exerçant avec une infatigable ardeur dispense le gouvernement d'être le seul promoteur des forces vitales d'une nation... Stimulez chez les individus une spontanéité énergique pour tout ce qui est beau et utile ; telle est votre tâche.
>
> NAPOLÉON III.

REVUE DES BEAUX-ARTS
APPLIQUÉS A L'INDUSTRIE

EXPOSITION DE 1865

Par Ch. ECK

PARIS

IMPRIMERIE BALITOUT, QUESTROY ET Cᵉ

RUE NEUVE-DES-BONS-ENFANTS, 3

1865

L'ART ET L'INDUSTRIE

INTRODUCTION

Dans notre siècle éminemment civilisateur et progressif, nous en sommes arrivés à ne plus nous étonner. En sciences, en arts, en industries, rien n'émeut, rien ne surprend plus.

Les multiples applications de la vapeur et de l'électricité; la plantation d'arbres centenaires; les édifications rapides de palais, d'églises, de monuments de toutes sortes; les vieux quartiers détruits pour faire place à d'immenses boulevards, à de larges voies, à de grands squares pleins d'ombre, de fraîcheur, où la Ville ne cesse d'entretenir et de soigner, non-seulement la flore française, mais des plantes exotiques. Toutes ces merveilles enfin qui ont pour but d'assainir Paris, et de donner à tous, au riche comme au pauvre, l'air, la vie, le soleil, qui constituent dans la plus large acception du mot les conditions essentiellement hygiéniques de l'existence dans les grands centres.

En présence de tout ce qui s'est produit en France, à Paris, depuis quelques années, nous sommes préparés à de plus grandes choses encore ;

aussi pouvons-nous dire avec orgueil, que le siècle de Louis XIV, surnommé le grand siècle, est distancé.

Notre littérature, nos sciences, nos arts, toutes nos industries enfin, n'ont rien à envier à aucun peuple du monde. La marche ascendante s'accroît sans cesse, et le livre d'or de cette ruche toujours en travail, qui a nom l'industrie française, enregistre chaque jour de nouvelles conquêtes.

Pour arriver à ces immenses résultats, qu'a-t-il fallu ?

Des hommes éminents par l'intelligence, par le cœur, par l'esprit ; des hommes d'initiative, promoteurs d'idées nouvelles, aux conceptions hardies, et que rien ne pouvait faire reculer dans leurs projets de réformes, inaccessibles aux défaillances, et qui, s'étant donné un but à atteindre, ont marché droit à ce but, sans s'écarter de la route qu'ils s'étaient tracés.

L'industrie devait trouver une large part dans les idées nouvelles, et, comprenant son rôle, elle a marché dans la voie progressive qui lui était ouverte.

Nous en trouvons les preuves dans un rapide aperçu des expositions de l'industrie depuis leurs créations, et dont nous croyons utile de tracer l'histoire en quelques mots.

La première exposition date de la première révolution, elle se produisit, dès l'abord, sous une forme bien modeste, trois jours seulement lui furent consacrés, en l'an VI (1798), elle eut lieu au Champ-de-Mars, on y compta 110 exposants, et 23 récompenses furent distribuées.

En l'an IX, l'exposition fut installée au Louvre, elle dura six jours, 289 exposants y furent admis, et 80 récompenses furent données.

En 1802 (an X), troisième exposition qui, installée au Louvre, comme la précédente, compta 540 exposants, auxquels 244 récompenses sont décernées.

En 1806, à la même époque, ouverture de la quatrième exposition, le nombre des exposants augmentant sans cesse, elle fut tenue sur l'esplanade des Invalides, dura vingt-quatre jours et reçut 1,422 exposants, et 610 récompenses furent accordées.

De 1806 à 1819, les expositions disparurent, la guerre enlevait les bras à l'industrie; l'occupation étrangère découragea les industriels, mais en 1819, la cinquième exposition eut lieu, et, cette fois, elle prit les proportions d'un grand événement préparé de longue main, de grands aménagements furent faits au Louvre, et enfin elle fut ouverte au public le 25 août, jour de la Saint-Louis, elle dura trente-cinq jours, compta 1,662 exposants et vit distribuer 869 récompenses.

A partir de ce moment, l'institution se régularisa, il fut décidé que les expositions de l'industrie auraient lieu tous les quatre ans.

En 1823, sixième exposition, encore au Louvre, elle est ouverte le 25 août, et compte 1,642 exposants, 1,091 récompenses furent données.

En 1827, septième exposition, toujours au Louvre, elle dura deux mois, compta 1,695 exposants. 1,254 récompenses.

Les agitations qui suivirent la révolution de 1830 firent ajourner l'exposition de 1834 ; et désormais. elles ne devaient avoir lieu que tous les cinq ans.

Cette fois les vastes salles du Louvre ne suffirent plus à contenir les produits exposés. On fit construire sur la place de la Concorde quatre grands pavillons. Le nombre des exposants s'accroissait davantage, car l'exposition compta 2,447 exposants, auxquels 1,785 récompenses furent accordées.

Cette recrudescence attesta le développement immense que prenait l'industrie française et lui fit faire de grands progrès, ouverte le 1er mai, elle fut fermée le 31 juin.

La neuvième exposition commença le 1er mai 1839, elle dura également deux mois, on lui affecta des constructions provisoires qui furent élevées au milieu du grand carré des Champs-Élysées, où se sont tenues depuis, toutes les expositions subséquentes, elle compta 3,281 exposants auxquels il est accordé 2,305 récompenses.

En mai 1844, le 1er juin s'ouvre la dixième exposition qui dura deux mois, 3,960 exposants, 2,253 récompenses.

Le 1er juin 1849, onzième exposition, dont la durée fixée à deux mois fut cependant prolongée de quelques jours ; 4,532 exposants, 3,738 récompenses.

Quatre-vingt-deux départements, l'Algérie, une colonie y sont représentés. Comme dans toutes les précédentes, Paris et le département de la Seine occupent une large place. En 1844, ils comptaient 2,233 exposants, en 1849, ils étaient au nombre de 2,285, ces chiffres ont leur éloquence. Les produits agricoles, les bestiaux furent admis à cette exposition qui fut appelée : EXPOSITION DES PRODUITS DE L'AGRICULTURE ET DE L'INDUSTRIE.

Comme on peut le voir par ce qui précède l'idée des expositions est, jusqu'en 1849, exclusivement nationale, l'exposition française n'appelait que les produits français, et, réciproquement, celles des autres pays ne songent qu'aux produits indigènes. Néanmoins, l'idée mère, la première pensée de cette institution est française, l'exemple donné en France, profita à l'étranger. La Russie, l'Allemagne, la Belgique, l'Espagne, le Piémont, la Suisse, ne tardèrent pas à avoir leurs expositions.

La pensée de convier dans un même lieu les industries de tous les pays a été émise, elle a germé, mais comme une grande partie des idées qui prennent naissance en France, *(celle de l'Exposition Universelle de l'Industrie a été revendiquée par des Français)*, il lui a fallu traverser la Manche pour être comprise, adoptée, passer enfin de la théorie à la pratique (1).

L'Exposition universelle enfin est ouverte par la REINE VICTORIA, le 1er mai 1851, sur 18,000 exposants, l'Angleterre en compta 9,734, et la France qui venait en seconde ligne 1,768. L'Angleterre obtint 79 grandes médailles, 1,265 médailles de deuxième classe et 2,089 mentions honorables. La France, 57 grandes médailles, 622 de seconde classe, et 1,050 mentions honorables.

Nous avons remporté là une grande victoire industrielle, car les récompenses de premier ordre, étaient pour nous de 30 pour 1,000 exposants; tandis que les autres pays, la Suisse exceptée, ne les avaient obtenues que dans la proportion de 8 sur 1,000.

(1) Cette revendication n'est point illusoire, M. AMÉDÉE COUDER, artiste des plus distingués comme dessinateur et comme architecte, chevalier de la Légion d'honneur, avait conçu depuis longtemps le projet des expositions universelles; il créa et exécuta en relief le plan d'un splendide palais tout spécialement destiné aux sciences, aux arts et à toutes les industries.

A l'exposition universelle de Londres, succédèrent à l'étranger d'autres expositions universelles également, qui eurent un retentissement moindre. La France ne pouvait rester en arrière du grand mouvement qui avait pris naissance dans son sein ; l'exposition périodique nationale devait avoir lieu en 1854 ; un décret du 8 mars 1853, en agrandit le caractère et fixe au 1er mai 1855, l'ouverture d'une grande exposition universelle des produits agricoles et industriels de tous les peuples.

Comme toujours, la France tint une belle place dans ce grand concours, dans cette bataille à armes courtoises, à ces agapes du travail de l'intelligence, où chacun, depuis le plus humble jusqu'au plus grand, est venu soumettre à l'appréciation générale les découvertes, les inventions les perfectionnements de toute espèce, créés, trouvés dans l'industrie. Il en est résulté une noble émulation qui a porté ses fruits, Nos progrès industriels sont les preuves les plus concluantes que l'on puisse en donner.

L'agriculture, entre autres, est entrée largement dans la voie qui lui était ouverte par les expositions. Le drainage, l'emploi de machines destinées à abréger le travail, à ménager les forces de l'homme, différents systèmes du culture, d'engrais, l'élevage des races chevalines, ovines, porcines, complétement renouvelé, enfin des progrès de toute sorte qui, tout en ayant à combattre la routine, ont prévalu cependant, et ont donné à l'agriculture, cette première industrie de l'homme, un prestige depuis longtemps perdu.

Tels furent les résultats obtenus par les expositions.

Les comices agricoles, les concours régionaux, les expositions horticoles, toutes ces belles et utiles choses, appliquées seulement depuis quelques années, ont étonné les économistes, les observateurs, par les rapides progrès obtenus.

L'exemple venu de haut devait exercer une influence sérieuse sur l'avenir industriel ; il était impossible qu'il en fût autrement. Le germe des grandes idées, les choses bonnes et utiles, semblables au grain de blé qui produit un épi, fructifie toujours et a pour effet d'attirer l'attention de ces âmes d'élite, toujours prêtes à se faire les promoteurs d'un progrès, d'une pensée sérieusement utile.

C'est ce qui arriva !

L'initiative individuelle s'exerçant avec une infatigable ardeur dispense le gouvernement d'être le seul promoteur des forces vitales d'une nation... Stimulez chez les individus une spontanéité énergique pour tout ce qui est beau et utile... Telle est votre tache !!!

Ces paroles, qui servent d'épigraphe à ce modeste ouvrage, ont été adressées par S. M. L'Empereur aux exposants de Londres, le 25 janvier 1863, et elle eurent une grande importance sur l'avenir industriel de la France.

Quelques hommes d'élite s'unirent dans une même pensée, dans un même but; ni les difficultés inhérentes aux choses nouvelles, ni les efforts tentés, ni les objections à vaincre, ni les combats livrés pour bien faire comprendre leurs idées, leurs projets, les résultats à obtenir dans l'avenir, ni les pertes de temps, ni les sacrifices d'argent, rien enfin ne put ébranler leur courage.

Ils se mirent à l'œuvre avec persévérance et, après de longs et pénibles travaux, ils ont pu doter la France d'une institution grande, utile, sérieuse, et dont l'avenir promet à l'Industrie des résultats immenses.

L'UNION CENTRALE DES BEAUX-ARTS APPLIQUÉS A L'INDUSTIE telle est le nom de cette institution qui fonctionne régulièrement et officiellement depuis 1864, par décision ministérielle du 16 juillet de la même année.

Avant d'aller plus loin, avant même de soumettre au lecteur les documents qui constituent l'Union centrale des beaux-arts appliqués à l'industrie; documents que nous devons à l'obligeance et à la bienveillance de M. E. GUICHARD, l'honorable président de l'*Union Centrale*, nous croyons devoir entrer dans quelques détails importants pour la complète édification de ce qui doit suivre.

Tout le monde sait qu'il n'y a pas une seule industrie qui ne soit obligée d'appeler l'art à son aide. La peinture, la sculpture, l'architecture, la musique, sont des arts purs qui satisfont les plus nobles aspirations; appliqués à nos besoins usuels, ils deviennent utiles, ils sont les intermédiaires directs, le trait d'union, enfin, qui les lient tout particulièrement à nos industries.

La peinture vient en aide à la céramique, aux étoffes tissées, brochées, imprimées, aux papiers de tentures; elle vient avec la cohorte des tons harmonieux, le sentiment de la couleur, et de ses ressources. L'industrie vient à son tour, mais elle rend cet assemblage de l'art à l'industrie d'autant plus difficile qu'il lui faut se plier aux difficultés de la fabrication.

La sculpture, joue un rôle important dans l'orfévrerie, la bijouterie, l'ébénisterie, etc., etc.

Le dessin alors proprement dit, c'est-à-dire la pureté, la rectitude des lignes est obligatoire dans toutes les industries, quelles qu'elles soient.

Il faut donc en conclure que le rôle que l'art joue dans l'industrie est tellement actif, tellement nécessaire que, pour arriver à un résultat sérieux, il est complétement impossible de séparer l'un de l'autre.

Cette importante question, étudiée avec soin, a produit L'UNION CENTRALE DES BEAUX-ARTS APPLIQUÉS A L'INDUSTRIE.

La lecture des documents cités plus haut donnera, plus que nous pourrions le faire, une idée parfaite des services que peut rendre *l'Union centrale* à toutes les industries, quel que soit leur genre.

L'Union centrale des Beaux-Arts appliqués à l'Industrie ouvre tous les deux ans un concours, une exposition artistique, industrielle, où chacun peut soumettre à un jury éclairé les produits de ses travaux. Ces expositions posées sur des bases sérieuses, n'entraînant qu'à peu de frais, mettent le producteur à même de comparer, de juger ; de là une émulation qui ne peut produire que d'excellents résultats.

Ces expositions annuelles sont les préludes des grands concours industriels ; elles entretiennent le goût, elles servent enfin, si on peut se servir de cette expression, de jalons pour l'avenir.

Nul ne peut nier les services que ces expositions ont déjà rendus, mais les fondateurs de *l'Union centrale* ont poussé plus loin encore leur désir de venir en aide à l'Industrie, et ils ont créé UN MUSÉE RÉTROSPECTIF. (La première exposition rétrospective eut lieu en 1863.)

Une quantité d'industries, livrées à elles-mêmes, ne faisaient que de lents progrès !

Pourquoi ?

C'est que pour le producteur, le temps est chose précieuse, il ne peut, sans préjudice, se livrer à des recherches dans le passé, c'est que souvent aussi il ignore à quelle source il pourrait remonter pour trouver, soit des modèles, soit des documents desquels il pourrait s'inspirer.

Comme nous le disons plus haut, *l'Union centrale* a tout prévu ; elle a fondé, dans un local à elle, payé de ses deniers, UNE BIBLIOTHÈQUE et UN MUSÉE RÉTROSPECTIF, où le chercheur, le travailleur, peuvent trouver toutes les indications nécessaires ; des œuvres des grands maîtres de tous les temps, de toutes les époques, des types de tous les arts, de toutes les industries anciennes, des modèles choisis, et là, chacun peut comparer, travailler, s'inspirer, s'instruire enfin.

C'est après ces travaux, mis à la disposition de tous, que les expositions de l'Union centrale des Beaux-Arts appliqués à l'Industrie deviennent de véritables concours où le producteur peut se rendre compte des progrès faits, inspirés par les éléments mis à sa disposition.

Dans ce rapide aperçu, il est difficile de se rendre un compte bien exact des travaux et des difficultés sans nombre que les fondateurs de l'Union centrale sont parvenus à vaincre.

Ce qui les honorent, ce qui leur donne un droit imprescriptible à la reconnaissance de tous, c'est l'article premier des statuts de la société.

Cet article est ainsi conçu :

ARTICLE Ier

« ELLE FONDE (LA COMMISSION D'ORGANISATION COMPOSÉE DE QUINZE MEMBRES), A SES RISQUES ET PÉRILS, L'UNION CENTRALE DES BEAUX-ARTS APPLIQUÉS A L'INDUSTRIE. »

A ses risques et périls, c'est-à-dire qu'aucune pensée de lucre ni d'intérêt personnel n'a présidé à la formation, à la création de l'institution.

Le seul désir, le seul mobile des fondateurs est et demeure de doter le pays d'une institution sérieuse, utile à tous, devant profiter à tous.

A SES RISQUES ET PÉRILS.

Nous ne saurions trop le répéter, et, sans vouloir entrer dans des éloges hyperboliques, nous laissons au lecteur le soin de juger, tout ce que renferme d'abnégation, d'amour de l'art, de dévouement à l'Industrie et au pays, ces simples mots : A LEURS RISQUES ET PÉRILS !!

On comprendra facilement toute la grande utilité de l'œuvre entreprise par cette pléïade d'hommes intelligents et tout dévoués à l'industrie nationale.

Du reste nous pouvons croire que cette grande et utile pensée ne sera pas stérile, et nul doute qu'avant peu, dans nos grandes villes de France, dans nos centres manufacturiers et dans tous les pays on ne crée des institutions semblables.

Nous avons vu que les progrès des expositions nationales, le nombre d'adhérents s'augmentant sans cesse, et les récompenses accordées, suivent la même progression.

L'Exposition des Beaux-Arts appliqués à l'industrie semble prendre une marche exactement semblable.

La première exposition des beaux-arts appliqués à l'industrie eut lieu dans l'année 1863, sous la direction immédiate de M. E. Guichard, qui avait su s'entourer d'hommes dont les capacités, les lumières et le dévouement lui étaient connus.

Son appel fut entendu, compris, et de nombreux industriels vinrent prendre part aux concours mis à leur disposition ; en dire les résultats nous entraînerait loin, cependant nous ne pouvons passer sous silence des renseignements précieux à plus d'un titre au point de vue de l'avenir.

Nous copions textuellement :

« Après quatre-vingts jours de durée, l'Exposition de 1863, organisée par les mêmes hommes qui depuis ont fondé l'Union centrale, était sur le point de se clore, lorsque, le 1er décembre, parut au *Moniteur* un rapport adressé à l'Empereur par M. le ministre de l'agriculture, du commerce et des travaux publics. Son Excellence, après y avoir rappelé au chef de l'État qu'il avait honoré deux fois de sa visite cette Exposition, ajoutait :

« Votre Majesté n'a pas seulement daigné ap-
« prouvé l'ordonnance ample, ingénieuse et métho-
« dique de cette Exposition ; elle a constaté avec
« intérêt les progrès qu'elle révèle, dans l'applica-
« tion à des objets d'une destination domestique et
« usuelle, des règles de l'élégance et du bon goût.
« Votre Majesté s'est montrée surtout satisfaite de
« ce que cette œuvre, très-opportune dans les con-
« ditions actuelles de la concurrence, ait été pro-
« jetée, organisée et conduite à bonne fin par l'i-
« nitiative privée, en dehors de toute participation
« du gounement.

« C'est un pas heureux fait dans la voie que tra-
« çait Votre Majesté lorsque, dans un discours mé-
« morable, adressé, après l'Exposition de Londres,
« aux industriels français, elle provoquait l'indus-
« trie nationale à s'affirmer avec plus de confiance et
« à ne pas chercher ailleurs qu'en elle-même son
« point d'appui.

« Trop juste pour ne pas convaincre, trop élevé

« pour ne pas entraîner, ce langage a été entendu « par une réunion d'hommes habiles, intelligents « et désintéressés, qui, en fondant à leurs risques « et périls l'Exposition des arts industriels, ont « donné un exemple utile et digne de l'approbation « de Votre Majesté.

« C'est pour constater cette approbation que, « d'accord avec Son Excellence le ministre de la « maison de l'Empereur et des beaux-arts, j'ai « l'honneur de proposer à Votre Majesté d'accorder « la décoration de la Légion d'honneur à M. E. Gui- « chard, président de la Commission d'organisation « de l'Exposition... »

Ce rapport, si honorable et si encourageant pour la Commission tout entière, était approuvé par un décret impérial du 30 novembre 1863.

On lisait dans le *Moniteur* du 15 janvier 1864.

« Mercredi dernier, un mois jour pour jour après la clôture de l'Exposition des Beaux-Arts appliqués à l'industrie, une vingtaine d'exposants se sont rendus au siége provisoire de la nouvelle Société, rue du Sentier, 8, pour remettre aux membres de la Commission d'organisation les médailles qui leur ont été offertes par les exposants.

« M. Bitterlin fils, entouré de vingt promoteurs

de cette juste manifestation, a prononcé les paroles suivantes :

« Monsieur le président, Messieurs les membres de la Commission d'organisation,

« Dans le courant de novembre dernier, en présence du succès de l'Exposition, un grand nombre d'exposants pensèrent qu'il était bon et juste de vous donner, à vous dont les soins avaient préparé et assuré ce succès, un témoignage public de leur gratitude.

« Chargés par eux de réaliser ce désir, nous écrivîmes la circulaire suivante :

« *Nous, soussignés, qui avons apportés nos ouvrages et nos produits au palais des Champs-Élysées pour constituer la présente* Exposition des Beaux-Arts appliqués à l'industrie, *ayant vu avec quelle louable assiduité et quelle heureuse intelligence la Commission d'organisation a mené à bien cette difficile entreprise ; sachant d'ailleurs avec quel parfait désintéressement elle y a consacré ses soins et ses peines ; espérant en outre que d'une épreuve aussi bien réussie elle saura faire sortir, au plus grand avantage de tous, quelque institution utile et durable : nous avons, afin de lui marquer notre gratitude pour les services déjà rendus et notre confiance quant à l'avenir, ouvert parmi nous, comme parmi tous ceux qui aspirent au même but que nous, une souscription de* 1 *fr. par personne, à l'effet d'offrir, au moyen de la somme qui en proviendra, une médaille d'argent à MM. Bergon, Chocqueel, Fragonard, Gros, Hermann, Lefebure fils, Lenfant, Lerolle, Mazaroz, Mourey, Sajou, Schæffer-Érard, Turquetil, Veyrat, membres de ladite Commission, et une médaille d'or à M. Guichard, son honorable président.*

« *Et de peur de blesser en rien les justes susceptibilités de notre bien méritante Commission, les souscriptions se feront hors du palais de l'Industrie, et seront reçues chez les soussignés qui s'honorent d'être les promoteurs de cet acte de justice, de ce devoir qu'il leur est doux d'acomplir.* »

« Cette circulaire était signée par les vingt exposants dont les noms suivent :

« Barye, Bitterlin fils, Choiselat, Deck (Théodore), Genlis et Rudhardt, Gonelle frères, Gonon, Jeannin, Jeanselme fils, Godin et Cie, Klagmann, Lequein fils, Marienval, Miroy frères, Portalès, Pull, Riester, Rigolet (René), Rousseau, Sauvrezy, Sax (Adolphe). »

Un *post-scriptum* portait :

« *Les noms des souscripteurs seront gravés sur une plaque de métal qui sera déposée au* Musée des Beaux-Arts appliqués à l'industrie, *pour y être conservée comme un témoignage de notre accord actuel, un conseil toujours présent d'y persévérer, et un noble encou-*

ragement pour des hommes de cœur, à poursuivre avec un redoublement d'énergie une tâche belle entre toutes, utile au pays, et dictée en quelque sorte par le chef de l'État.

Des actes de cette nature n'ont pas besoin de commentaire, ils honorent au même titre ceux qui les ont motivés et ceux qui, mus par un sentiment de gratitude méritée, ont voulu prouver combien ils appréciaient le dévouement désintéressé des fondateurs d'une si belle institution.

Nous continuons de citer.

Ces témoignages de confiance et de sympathie, apportés de tant de points différents aux membres de la Commission, étaient à coup sûr de nature à vaincre leurs dernières hésitations, si tant est qu'ils en eussent encore, à assumer sur eux la responsabilité morale et matérielle qu'entraîne nécessairement la fondation de toute grande et sérieuse institution. Ils se mirent donc résolument à l'œuvre, et, après de nombreuses et longues séances, où fut souvent consulté leur conseil judiciaire, ils avaient achevé de rédiger les statuts de l'Union centrale des Beaux-Arts appliqués à l'industrie, quand, dans les premiers jours de mars ils reçurent la lettre suivante :

A MESSIEURS LES MEMBRES DE LA COMMISSION D'ORGANISATION DE L'EXPOSITION DES BEAUX-ARTS APPLIQUÉS A L'INDUSTRIE, EN 1863.

« Paris, 1er février 1864.

« MESSIEURS,

« Sachant que vous êtes sur le point de louer un local dans le centre de la fabrique de Paris pour y préparer plutôt que pour y installer le musée et la bibliothèque des Beaux-Arts appliqués à l'industrie ;

« Considérant que cette fondation, lorsqu'elle sera complétée par toutes ses annexes naturelles, sera de la plus grande et de la plus incontestable utilité pour toutes les industries qui s'inspirent de l'art ;

« Considérant qu'un pareil établissement ne saurait s'improviser ; qu'il faut au contraire beaucoup de temps et d'argent pour y former un musée et une bibliothèque qui soient vraiment utiles au public spécial auquel ils seront destinés ;

« Que pourtant, en attendant ce jour, il y a grand avantage à exister dès à présent, à avoir un lieu de réunion où l'œuvre ébauchée par vous puisse recevoir tous ses développements, où vous puissiez déposer les objets d'art, les modèles et les livres donnés ou acquis ;

« Attendu qu'il est bien arrêté dans vos résolutions désintéressées de ne jamais tirer aucun profit d'argent des bénéfices ultérieurs de cette fondation, que vous voulez consacrer tout entiers à l'augmentation incessante des collections ; que, dès lors, il n'est pas juste de vous laisser supporter seuls des sacrifices d'argent faits dans un intérêt évidemment général, et auxquels d'ailleurs vous pourriez vous voir obligés de mettre un terme, la prudence marquant souvent des limites même au dévouement le mieux éprouvé, quand l'impuissance ne les impose pas ;

« Considérant, en outre, qu'il est très-désirable d'abréger le plus possible le temps qui doit nécessairement s'écouler entre la pierre d'attente que vous êtes prêts à poser aujourd'hui et le couronnement de l'édifice, et que s'il est un moyen de suppléer au temps, c'est de réunir en un faisceau et de diriger vers le but désiré les volontés et les forces de tous ceux qui sont unis en cela avec vous de cœur, d'idées et de vues ;

« Considérant que, dans votre pensée comme dans la nôtre, ce but ne doit être poursuivi qu'au moyen des seules ressources de l'initiative individuelle ;

« Qu'il résulte d'un ensemble de faits nombreux

que vous avez donné les gages les plus certains à ceux qui, comme nous, croient à l'efficacité de cette force et veulent s'appuyer sur elle ;

« Que dès lors nous nous estimons heureux que vous consentiez à fonder avec des sacrifices d'argent personnels et à gérer à titre gratuit un établissement appelé à rendre de véritables services aux industries d'art de la France ;

« Qu'en conséquence on ne saurait voir ici rien qui ressemble à une entreprise commerciale qui doive être soumise aux lois spéciales qui régissent ces sortes de sociétés ;

« Par tous les motifs qui précèdent et, de plus, à la condition expresse que vous resterez toujours Commission souveraine d'organisation et de direction, vous recrutant vous-mêmes et agissant sous votre seule et propre responsabilité morale ;

« Nous soussignés, nous nous engageons à verser entre vos mains, pendant trois années consécutives, et ce, dans le mois qui suivra la demande de versement que vous nous aurez faite, une somme annuelle de cent francs, applicable aux besoins et à fondation de l'*Union centrale des Beaux-Arts appliqués à l'industrie*, ne vous demandant en retour que le titre purement honorifique de cofondateurs, unis à la faculté d'user, durant ces trois années, des collections et de la bibliothèque, quelles qu'elles puissent être et avant même qu'elles soient ouvertes au public, mais selon les règlements intérieurs que vous établirez.

Barye, sculpteur,

Beaudoire-Leroux, relieur.

Bitterlin fils (Paul), graveur et peintre verrier.

Bonin (Pascal), directeur de l'Union nationale du commerce et de l'industrie.

Buhot, sculpteur.

Burty (Philippe), homme de lettres, rédacteur au journal *la Presse*.

Carrier-Belleuse, sculpteur.

Choiselat (Ambroise), sculpteur.

Cornu (Eugène), dessinateur attaché à la Compagnie des marbres onyx d'Algérie.

Dalloz (Paul), avocat, directeur du *Moniteur universel*.

Deck (Théodore), fabricant de faïence d'art.

Dulos, graveur,

Durenne, maître de forges.

Fouché (Joseph), dessinateur pour l'industrie, ingénieur.

Genlis et Rudhardt, artistes peintres céramistes.

Godin, fabricant de meubles.

Gonelle frères, dessinateurs pour châles.

Jardin-Blancoud, graveur.

Klagmann (Jules), sculpteur.

Manguin, architecte.

MARIENVAL, fabricant de fleurs artificielles.

MASSONNET, éditeur de médailles.

MUSSON, ancien élève de l'École centrale.

PIAT, sculpteur-ornemaniste.

RIESTER (Martin), dessinateur et graveur.

ROUSSEAU (Émile), chimiste.

ROUSSEAU (Eugène), fabricant de porcelaines et faïences d'art.

SAUVREZY, sculpteur-ébéniste.

SAX (Adolphe), fabricant d'instruments de musique.

SEGUIN, marbrier. »

Beaucoup de nouvelles signatures sont venues depuis se joindre à celles qui précèdent.

Il est facile de comprendre l'effet que dut produire cette lettre sur les membres de la Commission, qui, déjà résolus au prix de tous les sacrifices possibles de tenter une œuvre QUI NE S'IMPROVISE PAS, ne purent que croire au succès. Aussi, ils louèrent au premier étage d'un des anciens hôtels de la place Royale un local modeste, mais convenable, pour y placer le siége provisoire de la future société, publièrent ses statuts qui furent soumis à l'approbation de Son Excellence le Ministre de l'intérieur.

Voici cette pièce fondamentale qui date du 16 mars 1864.

Statuts de l'Union centrale des Beaux-Arts

APPLIQUÉS A L'INDUSTRIE

Autorisée par décision ministérielle du 26 juillet 1864

place Royale, 15

« L'initiative individuelle, s'exerçant avec « une infatigable ardeur, dispense le gouverne- « ment d'être le seul promoteur des forces vi- « tales d'une nation... Stimulez chez les indivi- « dus une spontanéité énergique pour tout ce qui « est beau et utile. Telle est votre tâche. »

(Paroles adressées par l'Empereur aux exposants de Londres, le 25 janvier 1863.)

La commission d'organisation de l'Exposition des Beaux-Arts appliqués à l'industrie, en 1863, composée de :

MM.

E. Guichard ❋, architecte-décorateur, président ;

Ph. Mourey, doreur et argenteur sur métaux, premier vice-président ;

Lerolle ❋, fabricant de bronze, deuxième vice-président ;

Lefébure fils (Auguste), fabricant de dentelles, secrétaire ;

Turquetil, fabricant de papiers peints (de la maison Turquetil et Malzard), trésorier ;

Chocqueel ❋, fabricant de tapis (de la maison Réquillard, Roussel et Chocqueel) ;

Hermann ❋, constructeur-mécanicien ;

Lenfant (J.), étoffes d'ameublement ;

Mazaroz, fabricant de meubles d'art (de la maison Mazaroz-Ribaillier) ;

Sajou ✻, adjoint au maire du XIIIe arrondissement, fabri-de modèles pour tapisseries ;

Schaeffer-Érard, fabricant de pianos (de la maison S. et P. Erard) ;

Veyrat, fabricant d'orfévrerie ;

Bergon (Frédéric), banquier.

Frappé de la haute portée des paroles qui servent d'épigraphe au présent document et après avoir médité les graves avertissements et les conseils féconds renfermés dans les textes suivants :

I

A Londres, en 1851, « on acquit généralement cette conviction que les arts étaient désormais la plus puissante machine de l'industrie ; en second lieu, chaque nation prit la ferme résolution de conquérir à tout prix ce mobile de nos succès ; en troisième lieu, elles formèrent ce projet avec d'autant plus de confiance qu'elles se dirent que les arts, comme les sciences, sont la propriété commune de l'humanité, et qu'en les protégeant aussi bien et mieux que la France, on pouvait atteindre aussi loin qu'elle et plus loin (1) »

II

« Depuis l'Exposition universelle de 1851, et même depuis celle de 1855, des progrès immenses ont eu lieu dans toute l'Europe, et bien que nous ne soyons pas demeurés station-

(1) Exposition universelle de 1851. Travaux de la commission française sur l'industrie des nations, XXXe jury. Rapport de M. le comte de Laborde, tome VIII, page 382.

naires, nous ne pouvons nous dissimuler que l'avance que nous avions prise a diminué, qu'elle tend même à s'effacer. Au milieu des succès obtenus par nos fabricants, c'est un devoir pour nous de leur rappeler qu'une défaite est possible, qu'elle serait même à prévoir dans un avenir peu éloigné, si dès à présent ils ne faisaient tous leurs efforts pour conserver une suprématie qu'on ne garde qu'à la condition de se perfectionner sans cesse. L'industrie anglaise, en particulier, très-arriérée au point de vue de l'art lors de l'Exposition de 1851, a fait depuis dix ans des progrès prodigieux, et, si elle continuait à marcher du même pas, nous pourrions être bientôt dépassés (1). »

III

« Quels sont les moyens de soutenir la lutte qui commence? L'École centrale procure des ingénieurs à toutes les grandes entreprises; les écoles de dessin fourniraient des artistes à toutes nos fabrications. Il y a à Paris un Conservatoire des arts-et-métiers, un Conservatoire de musique et de déclamation ; pourquoi n'y aurait-il pas un Conservatoire Musée d'art et de dessins appliqués à l'industrie? Des écoles de dessin existent certainement dans nos grandes villes, mais combien de centres manufacturiers en sont privés! combien peu appliquent l'étude de l'art aux dessins de fabriques, et combien manquent de cours spéciaux! Y en a-t-il une seule où l'on enseigne l'harmonie des couleurs (2)? »

(1) Exposition universelle de 1862. Rapport des membres de la section française du jury international. Classe XXX. section 1. Rapport de M. P. Mérimée.

(2) Exposition universelle de 1862. Rapport des membres de la section française du jury international. Classe XXIV, section 7. Rapport de M. Félix Aubry.

IV

« Il serait peut-être à souhaiter que l'initiative des particuliers pût constituer en France, comme cela se pratique dans un pays voisin, des compagnies indépendantes, ayant leurs franchises, ne relevant que d'elles-mêmes et vivant sous la protection légale de la loi... (1). »

Afin d'entretenir en France la culture des arts qui poursuivent la réalisation du beau dans l'utile;

Afin d'aider aux efforts des hommes d'élite qui se préoccupent des progrès du travail national depuis l'école et l'apprentissage jusqu'à la maîtrise;

Afin d'exciter l'émulation des artistes dont les travaux, tout en vulgarisant chez nous le sentiment du beau et améliorant le goût public, tendent à conserver à nos industries d'art, dans le monde entier, leur vieille et juste prééminence, aujourd'hui menacée;

Espérant beaucoup de la puissance de l'initiative privée, des sympathies de la presse, et de la bienveillance du gouvernement;

Se souvenant d'ailleurs avec une profonde reconnaissance, un juste orgueil et une confiance motivée, de la médaille que sept cents exposants et adhérents lui ont offerte le 13 janvier 1864, et de l'honorable mandat qu'elle a reçu d'eux *de fonder*, *au plus grand avantage de tous*, *quelque institution utile et durable :*

Ladite Commission décide :

(1) Rapport du maréchal Vaillant à l'Empereur. (*Moniteur* du 6 janvier 1864.)

Article premier.

Elle fonde à ses risques et périls l'*Union centrale des Beaux-Arts appliqués à l'industrie*, et prend elle-même le titre de *Comité d'organisation*.

Le siége de l'*Union centrale* est provisoirement place Royale, n° 15.

Art. 2.

L'institution, fondée au centre de la fabrique de Paris, comprendra :

1° Un musée rétrospectif et contemporain;

2° Une bibliothèque d'art ancien et moderne, où le travailleur sera, au besoin, aidé dans ses recherches;

3° Des cours spéciaux, des lectures et des conférences publiques ayant rapport à l'art appliqué, et des entretiens familiers de nature à propager les connaissances les plus essentielles à l'artiste et à l'ouvrier qui veulent unir le beau à l'utile;

4° Des concours entre les artistes français et entre les diverses écoles de dessin et de sculpture de Paris et des départements;

5° Des expositions de collections particulières présentant à l'étude de belles applications de l'art à l'industrie.

Art. 3.

Le Comité continuera d'organiser périodiquement à Paris, sous sa responsabilité, des expositions générales ou partielles des beaux-arts appliqués à l'industrie, et il appuiera de son concours le plus dévoué les expositions régionales de même nature.

Art. 4.

Le Comité dirige et administre en toute gratuité, conformément aux décisions prises à la majorité des votants, dans les séances où il convoquera tous ses membres.

Art. 5.

Partisan convaincu des avantages de l'universalisation de l'art appliqué à l'industrie, le Comité se mettra en communication avec toutes les intelligences qui, en France, aspirent à ce progrès; il leur demandera en toute occasion le concours de leurs lumières et de leur influence; il les invitera en retour à user de toutes les ressources dont lui-même pourra disposer; il suscitera par tous les moyens en son pouvoir la fondation, dans les centres industriels de la province, d'institutions analogues à l'*Union centrale*, et dès que l'état des collections du musée et de la bibliothèque le permettra, il viendra en aide à des institutions par des prêts de modèles et d'objets d'art.

Art. 6.

Le génie de la France étant essentiellement expansif, le Comité se mettra en relation, au moyen de correspondants d'élite, avec les établissements de même nature des peuples étrangers, et provoquera incessamment entre leurs directeurs et lui un échange amical des communications les plus réciproquement utiles.

Art. 7,

Le Comité se recrutera lui-même, et se composera de douze membres au moins et de vingt-et-un au plus. Toute élection d'un nouveau collègue se fera à l'unanimité et au scrutin secret.

Lerèglement intérieur du Comité déterminera le mode de présentation et d'élection des candidats, et les conditions requises pour l'admissibilité.

Ce règlement déterminera également la composition du

bureau du Comité, la nature des fonctions de chaque membre du bureau, comment et par qui le Comité sera représenté auprès des tiers, soit pour louer, acheter, vendre, échanger, pour recueillir tous dons ou souscriptions; comment et dans quelles conditions de gratuité seront organisés les cours publics, la fréquentation du musée, de la bibliothèque, des salles d'étude, etc.

ART. 8.

Tous les membres du Comité feront gratuitement les avances nécessaires à l'organisation de tout ce que le Comité se donne la tâche de fonder.

ART. 9.

Toute personne qui souscrira pour une somme de 100 fr., payable chaque d'année et d'avance pendant trois ans consécutifs, jouira d'une entrée personnelle, pendant la durée de la souscription dans les exposition, musée, bibliothèque, cours, etc, ouverts par le Comité à un public payant, et indiqués dans les articles 2 et 3.

En outre, ses noms et qualités seront inscrits, à titre de cofondateur, sur des tables de bronze qui seront placées dans la salle principale du siége de l'*Union*.

Après les trois années révolues, la souscription annuelle des cofondateurs sera réduite à la somme de 36 fr., avec jouissance des droits d'entrée spécifié dans le présent article (1).

(1) On peut encore s'inscrire en qualité de membre adhérent. — L'adhérent paye 36 franés par an, ou 9 francs par trimestre, ou 3 francs par mois. Il peut faire usage, pour ses études et ses recherches, de tous les livres et de tous les objets qui se trouvent dans les collections de l'*Union centrale*.— Le visiteur qui ne sera ni cofondateur, ni adhérent, payera 1 franc d'entrée. — Le produit de ces

Art. 10,

Toute personne qui souscrira pour une somme de 500 fr., payés en une seule fois, jouira, pendant cinq ans, des entrées spécifiées à l'art 9, et, de plus, elle aura droit à une demi-bourse dont elle disposera en faveur de qui elle voudra pendant toute la durée de la souscription.

Après les cinq années révolues, la cotisation annuelle sera réduite à 36 fr., avec jouissance des droits d'entrée spécifiés dans l'article qui précède.

Toute personne qui souscrira pour une somme de 1,000 fr., payés en une seule fois, jouira pendant dix ans des entrées spécifiées à l'art. 9, et, de plus, elle aura droit à une bourse entière dont elle disposera en faveur de qui elle voudra, pendant toute la durée de la souscription; après les dix années révolues, la cotisation annuelle sera réduite à 36 fr., avec jouissance des droits d'entrée spécifiés dans l'article qui précède.

Les noms et qualités des souscripteurs de 500 francs et de 1,000 francs seront inscrits à titre de cofondadeurs, sur des tables semblables à celles dont il est parlé à l'article 9.

Tous les associés d'une maison qui seront dénommés dans la raison sociale, et qui adhéreront collectivement à l'une des trois souscriptions ci-dessus indiquées, auront tous les avantages et privilèges résultant de leur souscription, mais ils n'auront droit qu'à une demi-bourse et une bourse entière pour chaque souscription de 500 et de 1,000 francs.

Art. 11.

Les sommes de toute provenance, soit de souscriptions, dons, soit de droit d'entrée au musée, à la bibliothèque, aux

cotisations et de ces entrées est uniquement destiné à l'augmentation incessante du Musée et de la Bibliothèque.

cours ou dans les galeries d'expositions, etc., seront définitivement acquises à l'*Union centrale*. Elles seront employées à couvrir les frais généraux tels que : appointements d'employés, frais de déplacement des membres du Comité, loyer, installations et tous autres, et à rembourser, au fur et à mesure, les avances que les membres du Comité auront pu faire. Le surplus sera destiné aux achats d'objets d'art pour le musée, d'ouvrages pour la bibliothèque, aux fondations de prix en numéraire pour les concours, enfin à la constitution d'un fonds de réserve.

ART. 12.

Tout donateur d'un objet accepté par le Comité comme pouvant figurer dans les collections aura son nom inscrit sur l'objet offert par lui.

ART. 13.

Le Comité pourra échanger les objets acquis par lui, ou les aliéner pour s'en procurer d'autres; mais il ne pourra jamais aliéner ni échanger les objets donnés pour les collections ou la bibliothèque des Beaux-Arts appliqués à l'industrie.

ART. 14.

Tous les ans le Comité publiera un compte rendu de ses travaux, de la marche progressive des diverses parties de l'institution, sous le triple rapport de l'augmentation des collections, du nombre des visiteurs payants et de celui des auditeurs des cours. Il signalera aussi à la reconnaissance de l'*Union centrale* les amateurs qui auront prêté tout ou partie de leurs collections pour les salles d'exposition.

A la même époque, il fera connaître les modifications qu'il y aura lieu d'apporter à ses programmes, suivant les besoins révélés par l'expérience ou indiqués par l'opportunité.

Art. 15.

Ne se dissimulant nullement les difficultés de différente nature que présente l'œuvre importante qu'ils entreprennent de réaliser, les hommes de bonne volonté qui composent le Comité d'organisation sentent le besoin de se placer entre un Comité de patronage et un Comité consultatif des beaux-arts appliqués à l'industrie, et s'ils sont assez heureux pour voir entrer dans l'un et dans l'autre les éminents amis des arts dont ils espèrent obtenir l'adhésion et le concours, ils croiront à un succès assuré.

Art. 16 et dernier.

Dans le cas où le Comité se verrait dans l'impossibilité de continuer l'œuvre qu'il fonde aujourd'hui, l'*Union centrale* sera dissoute; tous les fonds et objets donnés ou les fonds versés à titre de souscription resteront définitivement acquis à l'*Union centrale*. La liquidation sera faite gratuitement par les soins des membres du Comité sans aucune garantie ni responsabilité de leur part. Les avantages et priviléges offerts aux souscripteurs ou donateurs par les présents statuts cesseront d'exister. Les objets déposés ou prêtés seront rendus; ceux qui auront été donnés seront remis par le Comité, à titre gratuit, à un établissement national, ainsi que les plaques portant les noms des cofondateurs, à la condition expresse que ces plaques seront mises en évidence, et que les objets donnés conserveront les noms de ceux qui les auront primitivement offerts au musée et à la bibliothèque de l'*Union centrale*. Une fois les frais de toute nature payés, s'il restait encore des fonds disponibles, ils seront versés dans la caisse d'un établissement de bienfaisance.

EXTRAIT DU RÈGLEMENT DU COMITÉ D'ORGANISATION DE L'UNION CENTRALE DES BEAUX-ARTS APPLIQUÉS A L'INDUSTRIE.

Art. 3.

Le président est nommé pour dix années et est rééligible.

Art. 4.

Les autres membres du bureau sont élus pour cinq années et sont rééligibles.

Art. 17.

Les hommes d'élite de toutes les carrières qui auront prêté un concours exceptionnel à l'Union centrale des Beaux-Arts appliqués à l'industrie pourront, sur la présentation de deux membres du comité d'organisation et à la majorité des membres présents, être reçus membres du comité de patronage.

Art. 18.

Le Comité d'organisation nommera une commission consultative des beaux-arts appliqués à l'industrie et fera son choix parmi les cofondateurs et les membres adhérents de l'*Union centrale*.

Art. 19.

La commission consultative nommera un présiden, un vice-président et un secrétaire particulier, et s'occupera des questions qui intéressent spécialement les beaux-arts appliqués.

Art. 20.

D'une séance à l'autre, la commission consultative fera part au Comité d'organisation des idées émises par elle sur la matière spéciale renvoyée à son examen par le Comité d'organisation, et, à son tour, le Comité lui fera connaître sa décision motivée.

Art. 21.

Les membres de la commission consultative sont nommés par le Comité d'organisation pour une année et sont rééligibles.

Art. 22.

La commission consultative donnera son opinion motivée sur l'acceptation ou le refus des objets d'art ou des livres offerts en don ou en prêt au musée et à la bibliothèque de l'*Union centrale*.

Art. 23.

Les objets contemporains soumis à l'examen de la commission consultative ne porteront point de nom d'auteur.

Art. 24.

La commission consultative, lors des expositions faites par le Comité d'organisation, prendra le titre et remplira les fonctions de jury d'admission.

Art. 25.

Le Comité d'organisation étant, d'après les statuts, seul responsable des faits et actes de l'*Union centrale*, se réserve de se prononcer sur l'adoption ou la mise à exécution des idées émises par la commission consultative au sujet des questions que le Comité aura soumises à son examen. Toute proposition nouvelle émanant de l'un des membres de la commission consultative sera, avant d'être mise en délibération au sein de cette commission, adressée au Comité d'organisation qui statuera dans une prochaine séance.

Paris, ce 16 mars 1864.

Le Comité d'organisation :

E. Guichard, Ph. Mourey, Lerolle, Auguste Lefébure fils, Turquetil, Choqueel, Hermann, J. Lenfant, Mazaroz, Sajou, Schaeffer-Erard, Veyrat, Frédéric Bergon.

EXTRAIT DU PROCÈS-VERBAL DU 6 JUILLET 1864.

M. J. Klagmann, sculpteur, est nommé à l'unanimité conservateur du musée de l'Union centrale des beaux-arts appliqués à l'industrie.

Nota. M. Klagmann a bien voulu accepter ces fonctions, qui sont toutes gratuites.

EXTRAIT DES PROCÈS-VERBAUX DES 19 OCTOBRE, 16 ET 28 NOVEMBRE 1864.

Ont été nommés membres de la commission consultative des beaux-arts appliqués à l'industrie, et ont accepté :

MM.

Barye, O ✻, sculpteur-statuaire.

Braouty, architecte.
Burette, peintre décorateur.
Burty, rédacteur au journal *la Presse*.
Champfleury, homme de lettres.
Dalloz (Paul) ✻, directeur du *Moniteur universel*.
Davioud ✻, architecte de la Ville.
Diéterle ✻, peintre décorateur.
Fouché (Joseph), dessinateur pour l'industrie.
Galichon, directeur de la *Gazette des Beaux-Arts*.
Gonelle (Joseph), dessinateur pour cachemires.
Klagmann ✻, sculpteur-statuaire-ornemaniste.
Le Bègue, architecte.
Lièvre (Édouard), dessinateur-graveur.
Louvrier de Lajolais, artiste peintre.
Mantz (Paul), homme de lettres.
Millet (Aimé), ✻, sculpteur-statuaire.
Papelin (Claudius), artiste peintre.
Riester (Martin), dessinateur-graveur.
Roussel, dessinateur pour dentelles.

Les statuts de la Société et le règlement du Comité furent approuvés, et l'Union centrale autorisée par décision ministérielle du 26 juillet, et par arrêté préfectoral du 4 août 1864.

Cependant, le local qui devait être le siége provisoire de la Société avait été loué à la place Royale, et c'est là que, du mois d'avril au mois de septembre, les travaux d'organisation du Musée et de la Bibliothèque, préparés d'ailleurs dès longtemps, furent activement poursuivis par le Comité.

Au moyen d'achats assez importants d'objets et

d'ouvrages d'art, grâce à des dons nombreux, parmi lesquels il y en avait de considérables (1), grâce surtout aux prêts faits par de bienveillants amateurs (2), le Musée et la Bibliothèque se trouvaient, dès le milieu de septembre, assez riches en documents de toute sorte pour être ouverts.

Leur ouverture eut lieu le 20 septembre 1864, et les visiteurs, artistes, industriels, ouvriers, gens du monde, écrivains de la presse, y affluèrent.

La presse fut unanime pour accorder au musée rétrospectif et à sa riche bibliothèque les éloges qui leur était dus, et surtout pour en admirer l'entente pleine de goût et savoir qui avait présidée à l'organisation. Nous citons les plus remarquables objets qui sont soit les propriétés du musée, soit les prêts gracieusement faits par des amateurs.

Une collection très-curieuse de vases et de gar-

(1) Pour ne citer qu'un exemple, les vingt-neuf volumes du Piranèse, reliés, donnés par M Ch. Brouty, architecte.

(2) Nous acquittons ici une dette de reconnaissance en nommant parmi ceux qui nous prêtèrent, dans ces premiers moments, le plus sympathique concours, Madame Durand-Brager, M. Adrien de Longpérier, membre de l'Institut; M. Crémer, notre très-habile marqueteur; M. François Gilbert, sculpteur; M. Gustave de Beaucorps, M. Ch. Prouty, M. H. Garnier, MM. Sauvrezy, Godin et Matifat.

goulettes orientales appartenant à M. ADRIEN DE LONGPÉRIER, de l'Institut.

Des objets d'art à Madame DURAND-BRAGER.

Des guipures et des dentelles italiennes, à M. SAJOU.

Une collection très-variée de faïences de toutes les fabriques et de toutes les époques, des vêtements chinois, japonais, des perses, des étoffes vénitiennes brochées, des tapis des Gobelins, des livres, des gravures, des plâtres moulés, et particulièrement des collections d'échantillons du plus haut intérêt; l'histoire de la tapisserie, du papier peint, du châle français, des étoffes de tentures, des modèles de soieries pour robes (*de Bony de Lyon*). Un remarquable album offert par M. DENEIROUSE et relatif à sa fabrication du cachemire français; cet album, qui prend cette fabrication et son origine aux premières années de ce siècle, suit méthodiquement toutes les transformations de cette industrie, représentée par une série de dessins et d'échantillons, qui sont accompagnés d'observations manuscrites et de notes rédigées par un praticien d'une haute intelligence. Enfin M. GUICHARD, l'actif et habile président de l'Union centrale, dessinateur du plus grand mérite, a donné l'exemple d'une généreuse initiative, en mettant à la disposition de tous l'immense collection de dessins faits dans ses ateliers.

Que de merveilles, de richesses artistiques et industrielles, faire une pareille chose, organiser avec tant de soins, d'aptitude et de goût, un musée de ce genre nous paraît une œuvre de Titan, il a fallu aux organisateurs en général, et à l'honorable M. E. Guichard, en particulier, plus que du travail et du courage, il a fallu la foi inhérente aux véritables artistes.

Parmi les visites que l'Union centrale a eu l'honneur de recevoir, deux surtout furent précieuses et fécondes pour son avenir. Nous voulons parler de celles que firent S. Exc. le maréchal Vaillant, le 10 octobre, et S. Exc. M. Duruy, le 6 décembre 1864.

« Après avoir examiné, dit le *Moniteur* du 13 octobre, les beaux objets d'art qui remplissent les vitrines du Musée, Son Excellence (le maréchal Vaillant) est entrée dans la Bibliothèque, où elle a feuilleté plusieurs grands ouvrages des maîtres consacrés et quelques volumes in-plano des plus précieuses étoffes des quatre ou cinq derniers siècles. Après cette visite, qui n'a pas duré moins d'une heure, M. le ministre s'est retiré en témoignant sa vive satisfaction aux membres présents du Comité d'organisation de l'*Union centrale*, basée, on le sait, sur le fécond principe de l'initiative individuelle s'appuyant sur la mutualité.

« A la suite de cette visite, le maréchal Vaillant a adressé au Comité d'organisation la lettre suivante, avec l'intéressant herbier des plantes marines dont il y est parlé :

« Messieurs,

« J'ai eu l'honneur de vous parler d'un recueil « de plantes marines que Sa Majesté l'Empereur « m'a donné, il y a bien longtemps, et qui me sem- « ble pouvoir prendre place dans votre beau musée : « je vous l'adresse avec cette lettre. Je crois que « les personnes qui s'occupent de dessins d'étoffes « ou de papiers peints, trouveront des indications « précieuses et originales dans les planches de ce « recueil ; la nature est inépuisable dans ses créa- « tions, et le compositeur le plus fécond et le plus « habile ne pourra jamais mieux faire que de s'ins- « pirer des productions de cette généreuse mère.

« Veuillez recevoir, Messieurs, l'assurance de « ma parfaite considération.

« Signé : Maréchal Vaillant. »

« M. le maréchal Vaillant a écrit ensuite, sur le livre même, ces mots :

« Sa Majesté l'Empereur daigna me faire don de « cet ouvrage en 1853. Je crois remplir les inten- « tions de Sa Majesté en le déposant au musée que

« MM. Guichard et Sajou organisent avec tant de « zèle et de désintéressement, à la place Royale, « en faveur des ouvriers studieux.

« Paris, le 11 octobre 1864.

« Signé : Maréchal VAILLANT. »

Ce rare témoignage d'estime et de bienveillance devait être suivi d'une faveur plus décisive encore : quelques semaines après, S. Exc. le maréchal ministre de la Maison de l'Empereur et des Beaux-Arts, qui avait vu de ses propres yeux l'œuvre sérieuse qui s'élaborait à l'Union centrale, accordait directement à son comité le Palais de l'Industrie, pour y organiser l'Exposition de 1865.

Ici nous ouvrons une parenthèse pour revenir sur un fait qui ne peut passer inaperçu, et qui prouve une fois encore combien est grande la sollicitude des hommes placés à la tête de nos institutions.

En 1863, la Société de l'Union centrale des Beaux-Arts appliquée à l'industrie n'étant pas encore fondée, la Commission d'organisation avait eu recours à l'entremise de M. le baron Taylor pour lui obtenir du ministre de la maison de l'Empereur le Palais de l'Industrie, à l'effet d'y installer l'Exposition. Les conditions du concours prêté par l'honorable baron étaient ; 1° qu'il serait président d'honneur de l'Exposition ; 2° que si l'Exposition entraînait un déficit, ce déficit serait comblé par la Commission ; que s'il y avait des bénéfices, ils appartiendraient intégralement à l'une des caisses de secours fondées par lui.

Ces conditions ont été religieusement remplies par la Commission qui se déclare heureuse d'avoir pu faire bénéficier d'une somme importante la caisse de secours des Inventeurs et Artistes industriels, laquelle lui est absolument étrangère.

Aujourd'hui, tout en regrettant de n'avoir pu prendre avec M. le baron Taylor les arrangements dont il est question plus haut, les fondateurs de l'Union centrale témoignent leur profonde et publique gratitude à Son Exc. le ministre de la maison de l'Empereur et des Beaux-Arts de leur avoir accordé directement le Palais pour l'Exposition de 1865. Ils sentent vivement à quels immenses efforts une telle faveur oblige la Société qu'ils dirigent :

Hors de tutelle désormais et en pleine possession d'elle-même, elle les tentera.

Le succès qu'obtint cette première Exposition fut complet, elle fut visitée par deux cent mille visiteurs. Les recettes de toute nature se montèrent approximativement à la somme de 77,000 fr.

Les frais s'étant élevés à 52,000 fr., les bénéfices furent à peu près de 25,000 fr., qui devinrent la part de la caisse de secours des inventeurs et artistes industriels, une heureuse et bonne institution fondée par l'honorable M. le baron Taylor, qu'on retrouve partout à la tête des idées généreuses et charitables, et où il y a quelque bien à faire.

Comme on l'a vu, la commission de l'Union centrale a obtenu directement de S. Exc. le ministre de la Maison de l'Empereur et des Beaux-Arts le palais des Champs-Élysées pour ses expositions, elle est heureuse de pouvoir appliquer les bénéfices de ses travaux à l'accroissement de ses éléments, à l'achat des matériaux nécessaires, enfin, à la perfection de son œuvre.

On lisait dans le *Moniteur* du 9 décembre :

« M. le ministre de l'instruction publique a visité un de ces jours derniers le musée et la bibliothèque de l'Union centrale des Beaux-Arts appliqués à l'Industrie. Reçu par quelques membres du Comité d'organisation, M. Duruy a examiné en véritable connaisseur les trésors d'art et de bibliographie qui font déjà de cette fondation toute récente une institution d'utilité publique. Il a écouté avec une attention soutenue les explications qui lui ont été données par le président du Comité et après avoir approuvé hautement le but et les aspirations des hommes de bonne volonté et d'intelligence qui ont fondé l'Union centrale, il leur a promis son bienveillant appui. On ne pouvait attendre moins du ministre qui prend si judicieusement pour base de l'éducation de la jeunesse le beau, le bien et le vrai. »

Cependant le Comité poursuivait sans relâche, dans le sein de la société, la formation des différentes parties actives qui devaient la constituer, chacune dans sa sphère déterminée. En vertu de l'article 17 du règlement inséré plus haut, quelques noms apparurent sur la liste du Comité de patronage de l'Union centrale.

Ce sont ceux de :

M. Dariste, sénateur ;

M. Brouty, architecte ;

M. le comte de Cardaillac, directeur des bâtiments civils au ministère de la Maison de l'Empereur et des Beaux-Arts ;

M. le comte Léon de Laborde, membre de l'Institut, directeur général des archives de l'Empire ;

M. le docteur Caffe.

On le voit, cinq noms seulement ont été, durant toute une année, inscrits sur cette liste; on peut être certain que ce titre de patron de l'Union centrale, par l'extrême réserve avec laquelle il sera donné, ne risquera jamais de devenir banal.

Il en sera de même pour celui de dame patronesse des collections de l'Union centrale.

Ce fut en janvier dernier que le Comité, comprenant, d'après l'expérience de chaque jour, toute l'étendue des services que les femmes pouvaient rendre à certaines collections en voie de formation à la place Royale, rédigea, sans préambule, le règlement suivant :

Le Comité d'organisation de l'Union centrale des Beaux-Arts appliqués à l'industrie, après avoir délibéré dans sa séance du 16 janvier 1865, décide :

ARTICLE 1er.

Des Dames patronesses, pour les collections de l'Union centrale, seront nommées.

ART. 2.

Les Dames patronesses ont pour mission de concourir à la formation et à l'accroissement des collections en recueillant les dons, qu'elles transmettront au Président avec les noms des donateurs.

ART. 3.

Tous les ans, à la fin des travaux annuels de l'Union, le dépouillement et le classement des objets réunis par les soins des Dames patronesses seront faits par une commission de trois membres de l'Union centrale, qui en fera un rapport détaillé dont copie sera adressée à chacune des Dames patronesses.

ART. 4.

Les Dames patronesses sont nommées tant dans le nombre des dames cofondatrices ou adhérentes, qu'en dehors de l'Union centrale.

ART. 5.

Le Comité d'organisation décidera à l'unanimité de ses membres au scrutin secret et sans discussion, de la nomination des Dames patronesses.

ART. 6.

Les noms des Dames patronesses seront inscrits sur les objets qu'elles auront donnés et sur ceux qu'elles auront fait donner à côté du nom des donateurs.

ART. 7.

Les Dames patronesses ont droit à l'entrée des musée, bibliothèque, cours et expositions de l'Union centrale. Lors des grandes expositions bisannuelles au Palais de l'Industrie, un salon spécial leur est réservé. Il leur sera délivré, comme marque distinctive, une tablette en marbre onyx, portant leur nom gravé.

ART. 8.

Les Dames patronesses correspondent directement avec le Président du Comité d'organisation. Elles doivent adresser leur dernier envoi annuel, du 1er au 15 du mois d'avril, au siége de l'Union centrale, place Royale, 15.

Art. 9 et dernier.

La nomination des Dames patronesses leur sera adressée en brevet au nom du Comité d'organisation, par son Président, qui leur adressera en même temps copie de la présente délibération.

Fait à Paris le 16 janvier 1865.

Pour le Comité : *Le Président,*

E. GUICHARD.

Le nombre des dames patronesses des collections est bien petit à l'heure qu'il est, mais les services rendus par elles sont déjà bien grands.

Pour obéir aux prescriptions des articles 18, 19, 20, 21, 22, 23 et 24 du règlement du Comité d'organisation, la commission consultative des beaux-arts appliqués à l'industrie avait été nommée pour un an, et composée de :

MM. R E,OB✱, sculpteur-statuaire.
Brouty, architecte.
Burette, peintre décorateur.
Curty. rédacteur au journal *la Presse.*
Champfleury, homme de lettres.
Dalloz (Paul), ✱, directeur du *Moniteur universel.*
Davioud, ✱, architecte de la ville.
Diéterle, ✱, artiste peinte décorateur.
Fouché (Joseph), dessinateur pour l'industrie.
Galichon, directeur de *la Gazette des Beaux-Arts.*
Gonelle (Joseph), dessinateur pour cachemires.
Klagmann, ✱, sculpteur-statuaire ornemaniste.

Le Bègue, architecte.
Lièvre (Édouard), dessinateur-graveur.
Louvrier de Lajolais, artiste peintre.
Mantz (Paul), homme de lettres.
Millet (Aimé), ✻, sculpteur-statuaire.
Popelin (Claudius), artiste peintre.
Riester (Martin), dessinateur-graveur.
Roussel, dessinateur pour dentelles.

Aussitôt installée, elle constitua son bureau, élut M. Barye président honoraire, M. Klagmann président, MM. Paul Mantz et Davioud vice-présidents, et se mit sans retard à l'œuvre.

C'est cette laborieuse commission qui, sur les propositions du Comité d'organisation, a médité, élaboré, discuté, arrêté, rédigé tous ces programmes sages et pratiques, qui établissent les conditions des divers concours ouverts par l'Union centrale, à l'occasion de l'Exposition de 1865.

CONCOURS

OUVERT A L'UNION CENTRALE DES BEAUX-ARTS APPLIQUÉS A L'INDUSTRIE

Place Royale, 15

En vue des récompenses à décerner aux lauréats de l'Exposition des Beaux-Arts appliqués à l'industrie, qui aura lieu en 1865, au palais des Champs-Élysées,

La Commission consultative entendue,

Le Comité d'organisation arrête :

Art. 1er.

Des prix en or, en argent et en bronze seront mis à la disposition du jury des récompenses pour être décernés aux artistes et aux industriels.

Art. 2.

Un concours est ouvert parmi les sculpteurs, les dessinateurs et tous les artistes qui seraient désireux d'y prendre part pour la création d'un modèle de récompense, palme ou tout autre emblème pouvant remplacer une médaille sans avoir aucune analogie de forme avec elle, et caractérisant d'une façon symbolique l'hommage fait à des lauréats qui auront su donner à l'industrie la noblesse, la grâce et la séduction de l'art.

Art. 3.

Ce modèle de symbole honorifique, quelle que soit la forme

choisie par le concurrent, devra présenter de grande facilités d'exécution par la fonte ou par l'estampage et l'emboutissure. La composition derva permettre l'inscription suivante : UNION CENTRALE DES BEAUX-ARTS APPLIQUÉS A L'INDUSTRIE. EXPOSITION DE 1865, PRIX DE classe, décerné à M.

Dans une des parties du modèle, l'artiste devra laisser un vide afin de pouvoir y introduire un cordon ou lacet de soie auquel sera suspendu le sceau en cire de l'Union centrale.

ART. 4.

Une somme de 300 fr. est affectée audit concours et sera remise à l'artiste qui aura obtenu le prix. Son nom sera gravé sur le modèle.

De plus, une carte d'entrée au musée, à la bibliothèque et aux expositions de l'Union centrale, et valable pour deux années, sera donnée à l'artiste dont l'œuvre sera classée après le premier prix.

ART. 5.

Les modèles seront exécutés en cire ou en plâtre ou simplement dessinés.

ART. 6.

Les compositions des modèles destinés audit concours ne seront pas signées. Chaque composition portera un signe quelconque qui sera répété dans une lettre cachetée renfermant le nom de l'auteur.

ART. 7.

Le premier et le deuxième prix restent la propriété de l'Union centrale.

ART. .

Les œuvres des concurrents seront reçues à l'Union centrale, place Royale, 15, jusqu'au 1er mars prochain, cinq heures du soir, terme de rigueur.

Art. 9.

Tout concurrent pourra envoyer un ou plusieurs modèles.

Art. 10.

L'exposition publique des modèles envoyés au concours aura lieu dans les salles de l'Union centrale, les 2, 3, 4 et 5 mars. Le 4, à deux heures précise, la commission consultative des Beaux-Arts appliqués à l'industrie jugera le concours conjointement avec le Comité d'organisation.

NOTA. L'Exposition publique sera suspendue le 4 mars durant la séance du Jury.

Art. 11.

Aussitôt que le jury aura terminé son travail et prononcé son jugement, il sera procédé par lui à l'ouverture des lettres cachetées, et les noms des lauréats seront indiqués sur leurs œuvres, ainsi que les mentions des récompenses. Ceux des autres concurrents ne seront indiqués que sur leur demande.

Art. 12 et dernier.

Le Comité d'organisation, tout en donnant les prix décernés par le jury, se réserve cependant le droit d'apporter dans la forme définitive de ses récompenses tous changements ou modifications qui pourraient devenir nécessaires au point de vue de l'exécution pratique et du poids de la matière.

Paris, ce 18 janvier 1865.

(Suivent les signatures des membres du Comité d'organisation.)

On se rappelle peut-être qu'au lieu d'un premier et second prix, le Comité, en présence des nombreux et remarquables envois des concurrents, se décida spontanément à décerner deux premiers et deux seconds prix ; que les deux premiers furent remportés par MM. Liénard et Jules Godet et les deux seconds, par M. Félix Fossey et par un anonyme.

C'est l'œuvre de M. Liénard qui est aujourd'hui en cours d'exécution, et qui sera distribué aux lauréats de l'Exposition, en or, en argent ou en bronze, suivant que le jury des récompenses se sera prononcé sur le degré de mérite de chacun d'eux.

Les fondateurs de l'Union centrale, la Commission consultative, voulant par tous les moyens possibles achever, compléter l'œuvre commencée, organisa des cours où des hommes éminents, des savants distingués, vinrent tour à tour par leurs paroles faciles et entraînantes, par des improvisations pleines de clarté, traiter des questions de sciences, d'arts et d'industrie qui furent chaleureusement accueillies par un auditoire attentif d'artistes, d'industriels, d'ouvriers, de gens du monde.

M. E. Guichard, dans une brillante improvisation, prit pour sujet de sa conférence l'histoire de l'idée qui avait amenée la fondation de l'Union centrale.

M. Ferdinand de Lasteyrie leur a parlé de la peinture sur verre ; M. Albert Jacquemart, de l'histoire de l'ornementation dans la céramique ; M. le docteur Caffe, de l'hygiène des professions dans les arts appliqués ; M. Emile Rousseau, de la chimie dans ses rapports avec les industries d'art ; M. Aimé Millet, de la sculpture; M. Fouché, des ombres et des effets de la lumière ; M. Sauvrezy, de l'ébénisterie ; M. Davioud, de l'architecture et de l'industrie artiste ; M. Charles Blanc, enfin, de la grammaire des arts du dessin. L'on sait assez avec quel éclatant succès la plupart de ces cours ont été professés ; mais ce que l'on ignore trop peut-être, c'est l'entier désintéressement avec lequel ils l'ont été.

Nous ajouterons que tant de persévérance, tant d'efforts, tant de soins, devaient attirer l'attention de tous ceux qui, mus par de nobles pensées, considèrent comme un devoir leur coopération aux choses sérieusement utiles. Aussi de nombreuses demandes furent adressées à la Commission consultative, à l'effet d'obtenir d'être, soit cofondateur, soit adhérent.

Nous nous réservons, lors de l'apparition complète du livre de *L'Art et l'Industrie,* de donner la liste complète de tous ceux qui ont sollicité leur admission dans ce cercle tout dévoué au travail; à cette longue liste est venu s'ajouter la liste des donateurs, nous la reproduirons également, et la position élevée de certains donateurs dans le monde, dans les sciences, les arts et l'industrie, prouve toutes les sympathies que l'institution de l'*Union centrale des beaux-arts appliqués à l'industrie* a su faire naître dans toutes les classes de la société.

Nous publierons un chapitre spécial aux merveilles du Musée rétrospectif et à sa Bibliothèque, puis enfin, et pour compléter notre travail sur l'Exposition de 1865, des décisions d'un conseil manufacturier, les projets de concours et une nomenclature raisonnée des récompenses obtenues.

Afin d'éviter la confusion, et pour faciliter notre travail, nous avons pensé faire notre revue par groupes, en suivant exactement la classification des ouvrages et produits exposés, ainsi quelle a été faite par les organisateurs de l'Union centrale, nous ne pouvions mieux faire.

CLASSIFICATION

DES OUVRAGES ET DES PRODUITS EXPOSÉS

I — ART APPLIQUÉ A LA DÉCORATION DE L'HABITATION

Architecture décorative. — Décoration des villes, des édifices publics et des demeures particulières. — Sculpture ornementale sur pierre, marbre, bois, etc. — Menuiserie d'art, marqueterie, marbrerie. — Fer forgé, fer fondu, quincaillerie d'art, cuivre repoussé. — Peintures décoratives pour emplacements déterminés. — Vitraux, stores.

II — ART APPLIQUÉ A LA TENTURE DE L'HABITATION

Dessins, modèles. — Tapis de toute nature. — Étoffes d'ameublement en laine, soie, damas, lampas, etc. — Papiers peints. — Cuirs. — Cartons gaufrés. — Art décoratif du tapissier.

III — ART APPLIQUÉ AU MOBILIER

Dessins, Modèles. — Meubles exécutés en bois divers, sculptés, dorés, laqués, ornés de bronze, de marqueterie, de faïence ou d'émaux. — Siéges. — Caisses d'instruments de musique. — Cadres.

IV — ART APPLIQUÉ AUX MÉTAUX USUELS

Dessins, Modèles. — Bronze d'art, d'ameublement et d'éclairage, ciselés, dorés, ornés d'émaux, de cristaux, etc. — Zinc d'ameublement. — Orfévrerie d'église.

V — ART APPLIQUÉ AUX MÉTAUX ET AUX MATIÈRES DE PRIX

Dessins, Modèles. — Grande Orfévrerie de table. — Bijouterie, Joaillerie, camées.

VI — ART APPLIQUÉ A LA CÉRAMIQUE ET A LA VERRERIE

Dessins, Modèles. — Terres cuites décoratives, Poteries d'art. — Lave et terre cuite émaillée — Faïence émaillée. — Porcelaines unies ou peintes. — Émaux. — Verrerie, Cristaux, Glaces.

VII — ART APPLIQUÉ AUX ÉTOFFES DE VÊTEMENTS ET D'USAGE DOMESTIQUE

Dessins, Modèles. — Châles, Cachemires, Dentelles, Broderies, Passementeries. — Étoffes de laine et de soie. — Étoffes imprimées. — Toiles ouvrées et damassées.

VIII — ART APPLIQUÉ AUX ARTICLES DIVERS

Dessins, Modèles. — Voitures. — Armes à feu, Armes blanches. — Coutellerie, Tabletterie, petits Meubles. — Articles de Paris. — Reliure. — Pipes sculptées. — Cartes à jouer. — Fleurs artificielles. — Éventails.

IX — ART APPLIQUÉ A L'ENSEIGNEMENT ET A LA VULGARISATION

Gravures sur métaux, sur bois; Lithographie, Lithochromie, Autographie, Gravure héliographique. — Photographie. — Imprimerie. — Livres et Publications illustrées.

L'article qui suit, ayant pour titre LA CÉRAMIQUE et que nous soumettons à l'appréciation de MM. les exposants, a été écrit dans le but de bien faire connaître la marche que nous suivrons dans le livre L'ART ET L'INDUSTRIE.

LA CÉRAMIQUE.

On entend par le mot *céramique*, toutes les industries qui ont pour base l'emploi de la terre, qui, subissant diverses transformations, sur le tour, dans des moules, est placée dans des fours pour y acquérir la solidité nécessaire à leur usage.

La poterie, la faïence, la porcelaine, la verrerie enfin, leurs manipulations et fabrications rentrent dans l'art de la céramique.

Art charmant, et dont les produits multiples sont appréciés par tous.

La céramique est largement représentée à l'Exposition de l'Union centrale des Beaux-Arts appliqués à l'industrie. Cet art remonte à la plus haute antiquité, et, il est de fait que la céramique ou la poterie, dans toute l'acception littérale du mot, a dû naître aux premiers âges, où l'homme fut forcé de chercher les moyens qui lui semblait les meilleurs pour parer aux besoins matériels de sa vie.

Nous n'entrerons pas dans une complète description de la céramique proprement dite, nous ne nous occuperons d'elle qu'au point de vue de l'art qui lui vient si puissamment en aide.

De tout temps, comme on peut le voir, les hommes se sont occupés de l'art de la poterie ou céramique, c'est un sujet à propos duquel il serait aisé de recommencer la discussion sur la supériorité des anciens sur les modernes.

Les anciens, on ne peut le nier, ont fait des poteries justement admirées des hommes de goût, nos musées en font foi, et le musée rétrospectif de l'Union centrale possède aussi plusieurs beaux produits de la céramique ancienne.

La renommée des poteries de *Samos* date du temps d'*Homère*, et *Phidias* lui-même, l'immortel sculpteur, passe pour avoir tracé des contours et dessiné des ornements sur les vases des potiers d'*Athènes*.

Rien n'égale l'élégance des formes que les artistes de cette époque donnaient aux vases *campaniens*, communément appelés *étrusques*, quoiqu'ils ne vinssent pas de l'*Étrurie*, et, que les vases *étrusques* proprement dits composent une variété à part.

Les dessins pleins de grâce, de fantaisie, et de goût de ces vases, étaient dus à des artistes grecs dont le génie prit un nouvel essor dans les colonies de la haute Grèce, où les arts de toutes sortes étaient pratiqués avec succès. L'histoire nous montre toujours le peuple grec essentiellement artiste, et poussant le culte du beau dans ses dernières limites.

Les artistes modernes ont grandement perfectionné l'art de la céramique, et les produits exposés donnent une haute idée des progrès réalisés.

La chimie, cette science si utile aux arts, est venue apporter ses nombreux éléments ; par ses soins, on a obtenus des pâtes plastiques remplissant toutes les conditions exigées,

La géologie a montré à quelles sources on pouvait trouver les matières premières les meilleures.

La cuisson, cette partie si importante dans l'art de la céramique, s'est améliorée, l'expérience, de nombreuses recherches ont fait construire des fours d'organisations particulières qui donnent plus de certitude aux travaux. La glaçure, les vernis, les émaux de toutes espèces, ont aussi attiré l'attention des chercheurs, et on a trouvé une grande quantité de substances. Quant aux couleurs, il n'en est aucune que nos artistes ne sachent transporter, avec un goût charmant, richesse de tons, harmonie des couleurs, tout enfin concorde pour faire de notre céramique moderne une profession pleine de goût, et de richesse. Une des plus grandes difficultés de la peinture céramique, c'est que les couleurs vitrifiantes, fusibles enfin, n'acquièrent leurs véritables tons qu'après une seconde cuisson qui se fait dans des fours nommés mouffles.

Lorsque *Lucca del Robia*, à Florence, en 1400, *Orazzio Fontana*, à Pézaro, vers 1540, découvrirent la belle faïence connue sous le nom de *majolica.* les ducs de Toscane, et notamment le duc *Guidobaldo de la Rovère*, furent les premiers admirateurs de ces belles productions; ils en favorisèrent la fabrication par toutes sortes d'encouragements; les plus célèbres artistes s'en occupèrent à l'envi, et cette faïence, qui s'appelle encore *porcelaine d'Italie*, servait à cette époque pour les présents de prince à prince ; il en est ainsi de nos jours pour les magnifiques produits de la Manufacture de porcelaine de Sèvres, qui figurent toujours dans les cadeaux d'apparat.

Ce fut en 1706 que commença en France la première fabrication de la porcelaine dure, ce fut un allemand Bœttcher qui monta la première fabrique de ce genre, et, en 1770, à Sèvres, on commença la fabrication de la porcelaine sur une grande échelle. Quant à la faïence dure, sa perfection ne date que de 1830.

Dans ce rapide aperçu, nous ne pouvions omettre de parler d'un homme qui a tenu une large place dans la céramique. Bernard Palissy, tel est le nom qui se présente à l'idée, fut un des promoteurs de l'art de la céramique, et on ne peut nier qu'il poussa son œuvre dans les arcanes les plus approfondies de l'art.

Bernard Palissy, dont tout le monde encore aujourd'hui admire les productions, suivant *La Croix du Maine*, un de nos plus anciens biographes, serait né de 1520 à 1524 ; cependant *Daubigné* rapporte qu'il mourut en 1589, à l'âge de quatre-vingt-dix ans, ce qui ferait remonter sa naissance à 1479; il était du diocièse d'Agen, mais on ne peut préciser le lieu de sa naissance.

Nos lecteurs qui voudront avoir sur *Bernard Palissy* des documents curieux à tous les points de vue peuvent consulter le magnifique ouvrage qui a pour titre MONOGRAPHIE DE L'ŒUVRE DE BERNARD PALISSY et de son école; dans cet ouvrage se trouve reproduit avec la plus grande vérité, une grande partie des œuvres du célèbre potier ; ces travaux sont dus au gracieux talent de MM. *C. Delangle* et *Bornemon*, et les dessins en couleurs sont accompagnés d'un texte historique dû aux plumes faciles de *M. Sausay*, conservateur adjoint du Musée impérial du Louvre et de M. Henri Delangle.

Ce magnifique et utile ouvrage a été honoré du patronage de LL. MM. l'Empereur et l'Impératrice, encouragé par les souscriptions de LL. EE. le ministre de la maison de l'Empereur et le ministre d'État, et soutenu par le bienveillant intérêt de

M. le comte de Nieuwerkerke, directeur général des musées impériaux.

« Les divers écrivains qui ont écrit la vie de Pa-
« lissy ont-ils représenté l'artiste sous son vrai
« jour ? Est-il vrai que, malheureux, abandonné de
« tous, même de ceux qui devaient le soutenir dans
« ses défaillances d'artiste, Palissy ne trouva ja-
« mais un protecteur, un ami ?

« Pour l'honneur de la France nous repoussons
« de toute notre force cette version comme une ca-
« lomnie due à l'esprit de parti, car, tout en re-
« connaissant les souffrances, les amères déceptions
« si éloquemment racontées par l'artiste lui-même,
« et qui sont, hélas ! le cortége ordinaire de tout
« homme de génie, surtout à ses débuts, c'est son
« livre à la main, que Palissy lui-même, disculpant
« la France de toute ingratitude, se présentera
« protégé à la fois par le Roi, par la Reine, par le
« connétable de Montmorency, par le duc de Mont-
« pensier, et enfin par tout ce que la cour comp-
« tait de plus illustre.

« La vie réelle de Palissy est donc à écrire (1). »

D'après les quelques renseignements que nous avons pu trouver, *Bernard Palissy*, dans sa jeunesse, s'occupa de PORTRAICTURES et de vitrerie, le hasard fit tomber entre ses mains une coupe de

(1) Monographie de l'œuvre de Bernard Palissy.

terre émaillée, sortie sans doute des fabriques de *Faenza*, ce travail imparfait frappa son attention et lui inspira la résolution de chercher les émaux, quoiqu'il n'eut aucune connaissance des terres argileuses.

Il se mit au travail, et comme tous ceux qui portent en eux le sentiment de leur valeur il apporta dans ses recherches, une persévérance que rien ne put rebuter, ni les essais infructueux, ni les privations, ni la misère.

Rien de plus attachant que le récit qu'il fit lui-même des tribulations sans nombre dont il fut assailli dans ses travaux incessants ne lui donnant que des succès incomplets.

Que de tentatives avortées ! que de déceptions !

Mais *Bernard Palissy* croyait !

Il avait foi dans son art, il ne se découragea pas, il continua sans relâche ses pénibles recherches; aussi quelle fut sa joie lorsqu'enfin il atteignit le but qu'il avait si longtemps et si péniblement cherché.

Mais que de peines, que de chagrins pour arriver là eut-il à supporter ! Soupçonné de faire de la fausse monnaie; honni par ses voisins, vilipendé par sa famille qui, étant dans la plus profonde misère, lui reprochait de ne pas se livrer à des travaux utiles. Brûlant ses meubles et jusqu'au plancher de sa maison, ne pouvant acheter le bois nécessaire pour chauffer ses fours; donnant ses vêtements en paiement à un ouvrier qui ne voulait plus travailler pour lui; telles sont les rudes épreuves qu'eut à supporter cet homme convaincu, que rien ne pouvait abattre, et son succès ne lui coûta pas moins de vingt-cinq ans de sa vie, ses plus belles années, les années de la jeunesse, qui donnent le courage et la foi.

Il y aurait une bien triste histoire à faire s'il fallait raconter les désespoirs, les combats des martyrs de la science, de l'art et de l'industrie, *Galilée*, *Salomon de Caux*, *Sauvage*, *Moue*.

Heureusement que plus nous avançons en civilisation et moins nous avons à craindre de voir se renouveler de pareils sacrifices. Qu'un homme de génie, de talent se révèle, il ne manquera pas de Mécènes, et, sans longtemps chercher, l'*Union centrale des beaux-arts appliqués à l'industrie* est là pour soutenir, encourager tout ce qui a un mérite réel.

Bernard Palissy fit d'abord des pièces revêtues de divers émaux qui imitaient le jaspe; puis enfin il créa des *pièces rustiques*, c'est-à-dire des figures d'animaux, modelées en terre, qu'il revêtit d'émaux propres à imiter les couleurs de la nature. Ces ouvrages eurent le plus grand succès, sa renommée commença à s'étendre, ses travaux attirèrent l'attention des hommes intelligents de son temps. *Le connétable de Montmorency* voulut voir l'artiste dont on commençait à s'occuper ; il lui reconnut du talent, du génie, aussi lui confia-t-il la décoration de son château d'Ecouen. On parla de lui à la cour. *François I*er, le roi artiste, et son successeur, *Henri II*, conférèrent à *Bernard Palissy* le brevet de POTIER ROYAL.

Bernard Palissy a laissé des imitateurs, mais qui restèrent bien au-dessous de lui ; il appartenait à notre siècle de voir renaître cet art charmant, et les spécimens exposés au palais des Champs-Élysées sont d'une perfection telle que bien des amateurs montrent avec orgueil des plats *Bernard Palissy* auxquels ils donnent une vieille origine, et qui cependant sortent de nos fabriques modernes.

*
* *

La peinture sur porcelaines, les porcelaines montées, ouvrées, les glaces, les miroirs, la verrerie, et enfin toutes les industries dont l'art est le corollaire obligé, seront pour nous l'objet d'une étude sérieuse, approfondie, analysée avec le plus grand soin.

Paris. Imp. Balitout, Questroy et Ce, 3, r. Nve-des-Bons-Enfants.

www.ingramcontent.com/pod-product-compliance
Ingram Content Group UK Ltd.
Pitfield, Milton Keynes, MK11 3LW, UK
UKHW022125260726
13993UKWH00003B/1243